RELATION DE CE QVI S'EST PASSÉ A L'ARRIVÉE DE LA REINE CHRISTINE DE SVEDE,

A Essaune en la Maison

DE MONSIEVR HESSELIN,

Ensemble la description particuliere du Ballet qui y a esté dansé, le 6. Septembre 1656.

Et vn Panegyrique Latin sur l'Entrée de cette Princesse à Paris : Auec l'explication en François.

A PARIS,

Par ROBERT BALLARD, seul Imprimeur du Roy pour la Musique, rue S. Iean de Beauuais, au Mont Parnasse.

M. DC. LVI.

RELATION DE CE QVI S'EST PASSÉ A L'ARRIVEE DE LA REINE CHRISTINE DE SVEDE, A Essaune en la Maison DE MONSIEVR HESSELIN.

MONSIEVR le Duc de Guise ayant escrit à Monsieur Hesselin Maistre de la Chambre aux deniers du Roy, & Sur-Intendant de ses Plaisirs, que la Reine de Suede auoit receu beaucoup de joye d'apprendre qu'elle auoit à passer à Essaune, & qu'elle l'auoit preuenu en tout ce qu'il luy eust pû dire de luy, qui estoit connu de cette grande Princesse par vne reputation singuliere, comme l'vn des plus habiles & plus gallands hommes de France, qui fait & entend le mieux toutes choses. Pour respondre par les effets à cette estime, Monsieur Hesselin se creut obligé de se preparer à la receuoir à sa maniere accoustumée, assez connuë dés long-temps en France pour l'vne des plus spirituelle qui se puissent pratiquer. Cette Princesse estant donc arriuée à Essaune le sixiesme Septembre sur les 7. heures du soir, fut conduite dans sa Chambre où s'estant vn peu reposée, & tesmoignant de l'impatience de voir la Maison, elle en fut visiter tous les endroits, & passa en suite dans les Iardins, trouuant toutes choses si bien entenduës & si agreables, tant dehors que dedans, qu'elle dit: Que l'imagination des Poëtes, & la licence qu'ils se donnent en la description des lieux delicieux, n'approchoit point des beautez qu'elle voyoit: Et comme elle eut remarqué dans la grand' anticourt l'inscription qui est sur la porte du vestibule, PARVA QVIDEM SED, elle la trouua tres ingenieuse, & dit; Que la modestie du Maistre estoit injurieuse à la Maison, n'y ayant pas d'apparence qu'il fallust nommer Petit vn lieu dans lequel elle auoit veu tant d'appartemens & lieux differends richement meublez, & où la splendeur & la commodité se rencontroient par tout admirablement: Adjoustant, Qu'elle n'auoit point trouué en Italie (qui est le païs des beaux edifices & comme la mere des magnificences) vne Maison où la Nature & l'Art se fussent alliée plus heureusement & auec plus d'esprit: Elle admira sur tout la beauté & la diuersité des

des Grottes & des Fontaines si ingenieusement conduites, mesmes jusques dans les Appartemens.

La nuict suruenuë ayant comme enuié à cette Princesse le plaisir que luy donnoit la veuë de ces belles choses, elle en eut bien-tost raison se trouuant soudainement esclairée par vne Colonne de feu qui parut au trauers de mille cristaux à l'entrée d'vne Chambre à l'Italienne, & terminée seulement par vne voûte extremement exhaussée.

En vn moment elle vit vne partie de cette Chambre s'ouurir, & en suite vne multitude infinie de gens dans vne grande Salle, dequoy le Maistre du Logis semblant estonné, & se jettant au trauers pour les repousser, voila que tout à coup & par vn admirable artifice il fut enleué dans la Chambre mesme qui disparut auec tout ce peuple ; Et aussi-tost on vit vne Salle ornée de Colonnes Doriques, & d'autres ordres d'Architecture, & en laquelle personne ne paroissoit : surquoy l'exclamation fut telle qu'a moins de voir paroistre en l'air vne Nuée flamboyante pleine d'esclairs & de tonnerre & au dessous les ruïnes d'vne ville toute en feu, on n'auroit peu faire cesser l'admiration que le premier spectacle auoit excité.

Comme on estoit en cette nouuelle surprise, on veid dans la Nuée sur vn char de triomphe la Renommée, qui estant venüe à trauers l'air jusqu'au milieu de la salle, deux enfans aislez luy aporterent des palmes & des coutonnes auec les chiffres de la Reyne Christine.

La Renommée ayant fait vn recit, dont la voix & les paroles furent admirées, elle s'enuola d'vn costé & les Enfans de l'autre. A l'instant disparut la Nuée & toutes ces ruïnes de feu, & en leur place on ne vit qu'vn enfoncement d'vne enfilade de portes de plusieurs Appartemens, au bout de la Salle & au trauers, dont le premier estoit gardé par deux Suisses qu'on croyoit y estre seulement representez & feints.

A peine le Genie de la France eut-il fait la premiere Entrée du Ballet, qui n'attira pas moins l'admiratió que tout le reste, soit pour la beauté de l'air ou pour celle de sa danse, qu'on vit ces Suisses se détacher de la muraille, & danser auec tant de justesse & de grace, qu'ils ne le cederent point aux plus adroits des François, les autres Entrées suiuerent selon l'ordre marqué dans le Recit du Ballet, auec plusieurs changemens de Scenes & de perspectiues, tout cela finissant par vne grande Chambre qui parut ornée d'vn lict à Alcoue & autres embellissemens; Au trauers paroissoit vn grand & spacieux parterre, du milieu duquel vn Seigneur Espagnol accourant, se trouua deuancé par deux de sa suite tenant chacun vne Guitarre, se voyant dans cette Chambre fit cognoistre tout ce dont est capable Mr Doliuet, par la beauté de sa danse qu'il finit par vne Sarabande admirable.

En suite parut vne Grotte d'vne profondeur extraordinaire, au dessus de laquelle s'éleuoit vne Montagne de Cypres, & du haut tomboient deux Riuieres effectiues, faisans des Cascades & jets d'eaux d'vne extreme hauteur & grosseur : Ce spectacle finit par vne fleur de lys d'eau qui se perdit & s'esloigna de la veuë par vne nuée qui portoit vn Concert de vingt-quatre Violons, & d'autant d'autres instrumens, auec les douze heures de la nuict qui deuoient seruir au diuertissement de la Reine, tenant chacune vn flambeau de cire blanche dans leurs mains : Cette Nuée venant à s'abbaisser on apperceut au dessus s'approcher la Montagne & les Cascades, faisant vn si bel effet à la veuë qu'on ne sçauroit assez bien l'exprimer par le discours. Le grand Chœur de Musique demeura, & les douze heures descendirent de cette Nuée, & s'approcherent de la Reine pour la conduire dans vne autre Grotte, où elle vit tout ce que l'art peut faire de plus merueilleux par l'eleuation de l'eau, & par son bruit qui fut agreablement interrompu par quantité de Haut-bois & de Musettes excellemment concertées.

Cependant les Violons se rendirent dans la Salle de la Comedie où la Reine ayant esté conduite & chacun assis, le fonds du Theatre s'ouurit pour faire voir vn Buffet magnifique plein de Vases, Bassins, Lumieres, & autres ornemens, au dessous desquels estoit vne quantité d'autres Bassins en Pyramides de Fruits & Confitures, composans vne somptueuse Collation, qui fut aussi-tost enleuée par six Amours, & grand nombre de gens qui les porterent à la Reine & à toute l'Assemblée : Et à l'instant les Comediens luy donnerent vn nouueau diuertissement, qu'elle admira tant pour la beauté des vers & pour la decoration du Theatre, que pour les autres ornemens du lieu où il auoit esté dressé.

La Comedie acheuée on fut à peine hors de la Salle, que la Reine & toute l'Assemblée conduite par vn nombre infiny de flambeaux de cire blanche, se trouua sur vn Balcon, au bout d'vn canal plain de jets d'eau, qui parurent à la lueur d'vn grand Feu d'artifice, dont la face representoit tres-distinctement les trois Couronnes & les Chiffres de la Reine auec cette deuise, DONAT ET SERVAT, que la seule clarté du Feu faisoit facilement lire, joint mille figures differentes, & mille rayons de feu qui s'esleuoient & se perdoient en l'air, d'où tomboient en suite vn nombre infiny de serpenteaux enflammez, & d'estoilles brillantes, auec vn bruit & vn petillement agreable qui s'entendoit au trauers des Trompettes, Tambours, Haut-bois, Musettes & Violons. Certainement la diuersité de tous ces spectacles si bien entendus, que tout ce qui estoit feint y paroissoit naturel, donna lieu à cette Princesse, dont l'intelligence est si parfaite & la raison si sublime, de juger par la magnificence d'vn particulier domestique de son Roy, quelle doit estre celle de son Maistre, parmy les grandeurs, la puissance & les autres aduantages d'vn si florissant Royaume; Ainsi plaine de joye & d'admiration elle se retira dans sa Chambre esclairée de quantité de flambeaux, qui faisoient vn jour au milieu de la nuict, souhaitant auec impatience le lendemain pour se

renou-

renouueller le plaisir des beaux objets que les tenebres luy auoient cachez, & dont il nous suffira de dire, Qu'apres qu'on les a bien considerez, on se défie de ses propres yeux, & on doute si ce qu'on a veu est vne verité ou vne illusion.

Dans le rencontre de ce magnifique diuertissement, l'on peut dire sans flatterie que le sieur de Moliere s'est surpassé luy mesme, tant par lesdits beaux vers, & le merueilleux air du Recit du Ballet lequel fut accompagné d'vne simphonie toute diuine, que par la politesse & l'ajustesse de sa danse, faisant admirer à tout le monde, ce qui rassemble en sa seule personne, vn Poëte galland, vn sçauant Musicien, & vn excellent danseur.

Le sieur le Gros qui chanta ce beau Recit n'ayant besoin que de sa voix & de sa disposition ordinaire pour charmer les oreilles de tous ceux qui l'entendent, auec la mesme facilité qu'il eut à rauir cette grande Reine, fit aduoüer à tout le reste de ses auditeurs qu'il n'y auoit que luy capable d'entreprendre & d'executer ces merueilles.

Les sieurs Beauchamp, le Vacher, Des-Airs & Doliuet, ne s'y sont pas rendus moins considerables par la diuersité de leurs danses & les artificieux démeslez de leurs entrées qui exprimoient si naïfuement les personnages qu'ils auoient à representer, que bien qu'ils n'en fussent que des coppies, on les prenoit pour les originaux mesmes : Aussi faut-il confesser que pour conduire vne ſi belle & grande entrepriſe à vne ſi heureuſe fin, les ordres qu'ils en auoient receus auecvne joye indicible de Monſieur Heſſelin comme de leur chef, leur auoient ſeruy d'autant d'ames pour les animer tous à executer ponctuellement les merueilleux projets de ſon eſprit, le plaiſir de luy obeïr leur inſpirant des choſes ſi belles & ſi extraordinaire qu'ils ne ſont croyable qu'à ceux qui les ont veuë. Et ce qui eſt encore de plus admirable eſt la tranquilité auec laquelle ce merueilleux perſonnage, fait agir dans cette incomparable magnificence, plus de deux cens perſonnes en des occupations toutes differentes.

Le lendemain la Reine eſtant éueillée Monſieur Heſſelin pour ne laiſſer paſſer à ſa Majeſté aucun moment ſans quelque nouueau diuertiſſement luy preſenta en particulier, Madame de Saint Thomas qui luy donna le plaiſir d'entendre pluſieurs airs Italiens & François accompagnée du ſieur de Moliere touchant le Tuorbe auec des agréements égaux aux charmes d'vne voix ſi belle & ſi forte qu'elle peut chanter vn recit de quatre-vingts vers ſans rien perdre de ſa premiere juſteſſe ny de ſa premiere douceur.

Ce diuertiſſement fut ſuiuy d'vn autre dont la petite fille de M. de Molliere fut le ſujet, & qui danſa au ſon d'vne Guitarre vne Sarabande auec des batteries de caſtagnettes ſi ajuſtée que tout en eſtoit ſurprenant: à quoy elle ajouſta vne plus grande occaſion de ſe faire admirer, lors qu'elle prit vn Claueſin dont elle joüa tát de diuerses pieces auec vne si rare delicatesse & vn si bel air qu'on ne pouuoit croire qu'vne fille de dix ans eut pû arriuer à vn point de perfection, qu'vn autre auroit bien de la peine d'acquerir par vne estude continuelle d'vn pareil temps.

Sa Majesté trouuant tant de charmes differents en cette Maison incomparable, eust souhaitté y faire plus de sejour, afin de les pouuoir distinguer auec plus de loisir: Mais l'impatience de voir Paris où elle sçauoit estre attenduë, donna quelque precipitation à sa joye & la fit disner plustost qu'elle n'eust voulu.

Pendant le repas Monsieur Hesselin ne voulant perdre vn seul moment pour la diuertir, luy fist encore entendre les vingt-quatre Violons, & par interualles vn Concert de Musique, de Voix, Clauesins, Tuorbes, & autres instruments, dont la Reine fut si fort satisfaite, que l'expression qu'elle en donna au Maistre de la Maison, lors qu'elle prit la route de Paris, luy firent perdre le souuenir des peines & des fatigues qu'il a souffertes pour rendre toutes choses en sa perfectiou.

BALLET
DANSE' A ESSAVNE dans la Maiſon DE MONSIEVR HESSELIN, POVR LE DIVERTISSEMENT DE LA SERENISSIME REYNE DE SVEDE.

LA Renommée qui reconnoiſt qu'elle n'euſt jamais de plus celebre employ, que de publier les rares vertus & les admirables qualitez de l'incomparable CHRISTINE, ayant fait ſçauoir à tout le monde qu'elle vouloit honorer ces aymables lieux de ſon auguſte preſence, y est venuë elle-mesme, suiuie d'vne foulle de gens de tous pays & de toutes conditions, qui desirent luy rendre leurs respects; pour leur en donner le moyen & leur faciliter l'accest de cette grande Reyne, elle paroist la premiere deuant elle par le Recit.

RECIT.

REYNE *dont les mortels adorent la presence,*
Moy qui parle en tous lieux & qui parle de tout,
Ie viens pour t'asseurer qu'il n'est point d'Eloquence
Que tes rares vertus ne puisse mettre à bout;
Tout cede à ton Esprit & d'vn pouuoir supresme
Toy seule peux parler dignement de toy-mesme.

Tes grandes actions qui n'ont point de pareilles
A me faire parler ont seruy mille fois,
Aussi pour celebrer tes diuines merueilles
Il faut plus d'vne langue, il faut plus d'vne voix;
Mais bien qu'a te loüer j'apporte vn soing extresme,
Toy seule peux parler dignement de toy-mesme.

Abbaissant à tes pieds ce que tous les Monarques
Portent dessus la teste & tiennent dans leurs mains
Ne fais-tu pas bien voir par ces illustres marques
Que si tu dois regner? c'est sur tous les humains.
Par ce diuin esprit & ce pouuoir supresme
Toy seule peux parler dignement de toy-mesme.

PREMIERE ENTRÉE.

Le Genie de la France.

Beauchamp.

LE genie de la France, le plus diligent, comme le plus zelé, paroist le premier; & presente à la REYNE les soumissions & les vœux de tous les Peuples de ce grand Royaume, luy protestant qu'ils n'ont pas moins de passion pour son seruice, que d'admiration pour sa vertu.

II. ENTRÉE.

Deux Suisses.

Lambert, Don.

LEs Magnifiques & Puissans Seigneurs des Cantons, qui s'attendoient à l'honneur de luy faire la reuerance dans leur Pays, voyant qu'elle a pris vne autre route, ont enuoyé deux Bourgmestres, pour luy rendre les deuoirs de toute leur Nation.

III. ENTRÉE.

Deux Bourgeois, & vne Bourgeoise.

Le Vacher, & les deux Des-Airs.

ROlland, Rodomont, & Angelique, qui ne sont pas moins connus par les emportemens de leur amour, que par le nombre de leurs exploicts, n'ayant desormais de passion que pour la veritable Vertu heroïque, dont ils n'auoient veu iusques icy qu'vne fausse image, viennent la reuerer en la personne de cette magnanime Princesse, & n'osent paroistre sous vn habit, où l'on leur a veu faire tant d'égarremens, ils se cachent sous l'apparence modeste de deux Bourgeois & vne Bourgeoise de Paris, resolus de suiure par tout la Reyne, & de s'attacher à son seruice.

IV. ENTRÉE.

Vne Egyptienne.

Vagnac.

VRgande la fameuse Enchanteresse, enchantée elle-mesme de ce qu'elle entend dire en tous lieux des perfections de cette admirable Heroïne, vient luy faire les excuses des Amadis, & du reste des Auanturiers, de ce qu'ils n'ont pû luy rendre leurs deuoirs en personne, estant occupez à des entreprises qu'ils peuuent d'autant moins abandonner, que c'est par où ils pretendent meriter plus hautement son estime.

V. ENTRE'E.

Quatre Mores.

Cabou, Moliere, Beauchamp, & Doliuet.

CEpendant la mesme Vrgande amene à ses pieds quatre Roys Mores, qui font gloire de venir soumettre toute leur grandeur à sa puissance, & n'aspirent plus qu'à l'honneur de receuoir de sa main les chaisnes dont ils ont chargé leurs ennemis.

DEVXIESME PARTIE

SECOND RECIT.

Deux Paysanes, & vn Paysan.

Vagnac, Du Moustier, Lerambert.

FLORE & Pomone viennent offrir à la REYNE le Tribut des biens qu'elles ont produits en ce lieu delicieux, & luy presenter des fleurs & des fruits ; mais ayant appris que leur amant Zephire se doit rencontrer en cette feste, non sans dessein de leur faire infidelité, elles se sont déguisées affin de pouuoir mieux l'obseruer : Ce qui fait vn Recit facecieux où Zephire luy.

mesme se mesle pour le rendre plus agreable.

Premiere Entrée.

Deux Bergers, & vne Bergere.

La Marre, de Gan, Mongé.

Les Bergers heroïques de Lignon, & leurs charmantes Bergeres ont enuoyé les plus galands d'entr'eux, pour porter à cette Princesse des marques de leurs respects, & pour l'asseurer que toute rare qu'est la felicité dont ils joüissent dans le parfait accomplissement de leurs vœux, ils en conçoiuent vne autre plus grande; c'est de pouuoir estre quelquesfois honorée de ses commandemens, ne le pouuant estre de sa veuë.

II. Entrée.

Quatre Pigmées.

Bonnar, Chaudron, Daniel, & Broüar.

Les Peuples qui habitent les extremitez du monde, & qui n'ont pas moins d'admiration pour elle que ses voisins luy ont enuoyé quatre Pigmées des mieux faits, & plus adroits de tout le païs, afin de diuertir sa Majesté par vne danse plaisante, & des postures répondans à la petitesse de leur taille: Ils sont venus sur des gruës, prises depuis peu à la guerre, que cette petite Nation a contre elle ; mais ces grües ne ſe verront point eſtant demeurées dans le Parc pour paiſtre.

III. Entrée.

Vn vieux Gentilhomme, & vne Damoiſelle Gauloiſe.

Anſe, Femme. *Lerambert*, Homme.

LE fameux Hercule a voulu ſe trouuer à cette Feſte auec ſa belle Iole, pour venir reuerer en cette Heroïne Royale la memoire & la valeur de l'Hercule du Nort, l'inuincible Gvstave ; mais comme il s'eſt veu obſeruer par les Grecs, qui auroient difficilement conſenty à ſon voyage, pour ne pas ſe priuer des aduantages que ſa preſence leur procure ; il s'eſt traueſty en vieux Gaulois, & ſa maiſtreſſe en Dame du meſme temps, reconnoiſſant combien ils ſont l'vn & l'autre inferieurs aux dons naturels & acquis de cette grande Princeſſe.

IV. Entrée.

Quatre Amazones.

Les deux Des-Airs, Le Vacher, & Dupron.

LEs Amazones à l'enuie d'Hercule, à qui elles ne veulent pas plus ceder en cette occaſion qu'en celle de la guerre, enuoyent quatre de leurs Princesses à sa Maiesté, pour l'asseurer que la reconnoissant pour leur veritable Reyne; elles s'estimeront plus glorieuses d'apprendre qu'elle daigne agréer leurs deuoirs, que des plus fameuses victoires qu'elles ayent remportées sur les plus grands Roys de l'Asie.

V. ENTRE'E.

Vn Espagnol.

Doliuet.

VN Gentil-homme Espagnol, que la curiosité a fait glisser dans cette foulle, se trouue si surpris d'admiration, en presence de cette merueilleuse Princesse, qu'oubliant les victoires qu'elle a remportées sur sa nation, il veut bien contribuer à son diuertissement tout ce qu'il a de disposition & d'adresse.

FIN DV BALLET.

www.ingramcontent.com/pod-product-compliance
Lightning Source LLC
LaVergne TN
LVHW052037160826
845678LV00003B/1401

* 9 7 8 2 3 2 9 6 1 9 2 1 7 *